„V tichu mezi myšlenkou a uvědoměním začíná uzdravení nikoliv tím, že bychom měnili, kdo jsme, ale tím, že si znovu vzpomínáme na to, co nikdy nebylo porušené.

– Jakub Tencl

Obsah

Úvodní slovo

Jako každý rok i letos přinášíme nové číslo odborného časopisu Hypnóza. Toto vydání zároveň navazuje na grafickou proměnu zahájenou v předchozím čísle. Současná podoba časopisu vychází ze sjednocení s anglickou edicí a nadále určuje vizuální podobu publikace.

Publikované články reflektují současné poznatky v oblasti hypnózy v kontextu neurovědy, psychologie a klinického výzkumu. Číslo je koncipováno jako odborný přehled témat, která odpovídají současnému směřování oboru a jeho praktickému využití.

Časopis Hypnóza již sedmým rokem plní roli odborné platformy určené k systematickému sdílení poznatků, orientaci v oboru a propojování teoretických rámců s jejich praktickou aplikací. Tento záměr zůstává neměnný.

Děkujeme odborné komunitě i čtenářům za dlouhodobou přízeň a zájem. Věříme, že tato podoba časopisu poskytne pevný základ pro další odborný rozvoj a kontinuální publikaci textů v oblasti hypnózy a příbuzných disciplín.

Jakub Tenčl Ph.D. - Šéfredaktor

Vydává: Jakub Tenčl, Brandýs nad Labem, Česká Republika ve spolupráci s Hypnotherapy - Dr. Jakub Tencl, London, GB | Časopis vychází ročně, číslo 7, ročník 7, 31. prosince 2025 | Foto na obálce: StockCake | Cena výtisku 170 Kč (€ 7) | Nevyžádané příspěvky nevracíme | Redakce si vyhrazuje právo texty krátit a upravovat | Uveřejňované texty nemusejí vyjadřovat názory a postoje redakce a vydavatele | ISSN 2694-7692 | Tisk: Lightning Source LLC | Inzerce a reklama: 792 818 644, info@hypnoza.eu | Objednávky SMS zprávou: 792 818 644 (uveďte název časopisu, počet kusů, adresu příjemce) | Web: www.hypnoza.eu | ISBN: 978-80-908502-3-1 |

Kognitivní flexibilita a profesní rámce: jak spolupracují stabilita a adaptabilita

Jakub Tencl, Ph.D.

Abstrakt

Profesní rámce poskytují strukturované vodítko pro efektivní rozhodování, konzistenci a účinnou praxi v oblasti zdravotnictví, psychologie, vzdělávání a podnikání. Stabilita těchto rámců zajišťuje předvídatelnost, bezpečí a důvěru. S vývojem poznání je však nezbytné, aby odborníci rozvíjeli kognitivní flexibilitu - tedy schopnost přizpůsobovat myšlenkové vzorce a integrovat nové poznatky, aniž by opouštěli základní odborné principy. Tento článek se zaměřuje na kognitivní flexibilitu, její vztah k etablovaným profesním rámcům a na způsoby, jimiž mohou odborníci účinně vyvažovat stabilitu a adaptabilitu.

Úvod

Rámce hrají v odborné praxi klíčovou roli, neboť poskytují strukturovaná, na důkazech založená vodítka, která usnadňují rozhodování a udržují konzistenci napříč profesními komunitami. Stabilita rámců snižuje kognitivní zátěž a podporuje efektivní a spolehlivé výsledky. Současně je však adaptabilita neméně důležitou kognitivní schopností v rychle se měnících profesních kontextech. Kognitivní flexibilita umožňuje odborníkům integrovat nové informace do zavedených postupů, aniž by narušila stabilitu, která je pro jejich profesi zásadní.

Tento článek pojednává o tom, jak mohou odborníci napříč různými obory účinně vyvažovat kognitivní stabilitu a adaptabilitu, se zaměřením na strategie vycházející z psychologie a kognitivních věd.

2. Porozumění kognitivní flexibilitě

2.1 Definice kognitivní flexibility

Kognitivní flexibilita označuje mentální schopnost přepínat mezi různými způsoby myšlení nebo přizpůsobovat přístupy při setkání s novými situacemi (Kashdan & Rottenberg, 2010). Umožňuje odborníkům:

- efektivně měnit perspektivy,
- konstruktivně reagovat na neočekávané výzvy,
- přizpůsobovat zavedené rámce měnícím se kontextům.

Výzkumy ukazují, že kognitivní flexibilita pozitivně ovlivňuje profesní výkon, schopnost řešit problémy a psychickou odolnost (Martin & Rubin, 1995).

2.2 Kognitivní stabilita a její profesní hodnota

Stabilita v profesních rámcích poskytuje:

- konzistentní rozhodovací procesy,
- efektivní a předvídatelné výsledky,
- spolehlivý standard chránící jak odborníky, tak jejich klienty.

Stabilní rámce rovněž snižují kognitivní zátěž a umožňují odborníkům soustředit se na realizaci praxe, aniž by museli neustále zpochybňovat základní přístupy (Kahneman, 2011).

3. Kognitivní flexibilita v rámci profesních rámců

3.1 Vyvažování kognitivní plynulosti a reflektivní praxe

Zatímco kognitivní plynulost (Kahneman, 2011) podporuje automatické využívání známých rámců, reflektivní praxe (Schön, 1983) poskytuje strukturovaný způsob, jak mohou odborníci své postupy vědomě přehodnocovat. Reflektivní praxe umožňuje:

- pravidelně hodnotit účinnost bez narušení důvěry v existující přístupy,
- integrovat postupná zlepšení při zachování základních principů.

Například zdravotničtí pracovníci dodržují klinická doporučení, avšak pravidelně je upravují na základě nových důkazů či osvědčených postupů.

3.2 Metakognice jako nástroj flexibility

Metakognice, tedy „myšlení o myšlení" (Flavell, 1979), podporuje kognitivní flexibilitu tím, že umožňuje odborníkům:

- hodnotit předpoklady, na nichž stojí jejich profesní rámce,
- rozpoznat situace, kdy rámce vyžadují kontextové úpravy,
- adaptovat se bez výrazného pocitu narušení či nejistoty.

Začlenění strukturovaných metakognitivních technik, jako je sebereflexe či skupinová reflexe, může podporovat flexibilitu bez oslabení profesní důvěryhodnosti či sebedůvěry.

3.3 Emoční regulace a profesní adaptabilita

Emoční reakce často posilují setrvávání u známých rámců. Odborníci mohou profitovat z psychologických strategií emoční regulace, které jim umožňují:

- přistupovat k novým perspektivám klidně a konstruktivně,
- snižovat obranné reakce při setkání s alternativními metodologiemi,
- přijímat adaptabilitu bez obav z nestability.

Přístupy jako mindfulness či trénink zvládání stresu se ukázaly jako účinné při posilování emoční regulace a kognitivní flexibility v profesním kontextu (Kashdan & Rottenberg, 2010).

4. Praktické strategie pro rozvoj profesní kognitivní flexibility

4.1 Strukturovaný profesní rozvoj

Programy profesního vzdělávání mohou cíleně zahrnovat rozvoj kognitivní flexibility:

- pravidelné vzdělávání zdůrazňující adaptivní myšlení a otevřenost,
- workshopy zaměřené na práci se scénáři, které podporují adaptabilitu bez zvýšeného rizika.

4.2 Mezioborová spolupráce

Mezioborové interakce poskytují kontakt s různými rámci a přirozeně podporují kognitivní flexibilitu, aniž by zpochybňovaly profesní legitimitu:

- společný výzkum,
- odborná fóra,
- multidisciplinární týmy.

4.3 Revize rámců a adaptační procesy

Institucionalizace pravidelných reflektivních revizí zajišťuje, že profesní rámce zůstávají citlivé na vývoj poznání a kontextů, aniž by byla narušena jejich základní legitimita.

5. Závěr

Odborníci se opírají o stabilní rámce, aby zachovali konzistenci, bezpečnost a spolehlivost. Profesní efektivita však zároveň vyžaduje kognitivní flexibilitu, která umožňuje promyšlený a citlivý vývoj těchto rámců. Porozumění psychologickým základům kognitivní flexibility a stability umožňuje odborníkům osvojit si postupy podporující postupnou adaptaci. Při zachování profesních základů zajišťuje kognitivní flexibilita, že rámce zůstávají relevantní, dynamické a funkční.

Literatura

Flavell, J. H. (1979). Metacognition and cognitive monitoring. American Psychologist, 34(10), 906–911.
Kahneman, D. (2011). Thinking, Fast and Slow. Farrar, Straus, and Giroux.

Martin, M. M., & Rubin, R. B. (1995). A new measure of cognitive flexibility. Psychological Reports, 76(2), 623–626.

Schön, D. A. (1983). The reflective practitioner: How professionals think in action. Basic Books.

Kashdan, T. B., & Rottenberg, J. (2010). Psychological flexibility is a fundamental aspect of health. Clinical Psychology Review, 30(7), 865–878.

Tři světy, jeden nervový systém: šikana, PTSD/C-PTSD a past OCD

Jakub Tencl, Ph.D.

Když se dítě pohybuje mezi odlišnými pravidly doma, ve škole a v širším sociálním prostředí, může se jeho chování jevit jako nekonzistentní. Často však nejde o vzdor, ale o adaptaci na kontext. Chronická expozice šikaně a nesouladu mezi prostředími může souviset s projevy posttraumatické stresové poruchy (PTSD, případně komplexní PTSD – C-PTSD) a u některých dětí také s nutkavými strategiemi zvládání. Tento článek popisuje mechanismy, varovné signály a praktické další kroky pro rodiny, školy a klinické pracovníky.

Úvodní viněta (kompozitní, anonymizovaná)

Žák šesté třídy je ve škole tichý a získává pochvalu za to, že je „bezproblémový". V autobuse se mu spolužáci posmívají kvůli oblečení a sdílejí posměšné příspěvky online. Doma jeden z pečujících používá ostrý humor, který se někdy mění v křik, zatímco druhý dítěti radí, aby „to ignorovalo a šlo dál". Přes den vše zvládá, večer však opakovaně kontroluje zámky a před spaním se ptá: „Nemám průšvih?" Dospělí vidí nekonzistenci. Jeho nervový systém však vnímá tři nekompatibilní soubory pravidel a jen několik předvídatelných způsobů, jak „použít hlas".

Problém tří světů

Děti se učí pocitu bezpečí prostřednictvím předvídatelných souvislostí. Pokud je tentýž projev doma chválen, ve škole sankcionován a v online prostředí zesměšňován, svět se jeví jako nestabilní. Dítě se přizpůsobuje každému kontextu odlišnou strategií – ve škole se maskuje, doma uvolňuje napětí, na veřejnosti může ztuhnout. Z vnější perspektivy tak chování působí nekonzistentně, avšak ve vztahu ke konkrtní situaci je srozumitelné.

Užitečné přerámování pro dospělé zní: chování je vázané na kontext, nikoli náhodné. S tímto pohledem

se hlavním úkolem stává sladění pravidel a reakcí napříč prostředími tak, aby dítě nemuselo odhadovat, co mu zajistí bezpečí.

Jak se do příběhu „obaluje" PTSD

Šikana - opakované mezilidské ponižování, ohrožování, vylučování či agrese - může představovat významný stresor. Pokud je taková expozice dlouhodobá a obtížně uniknutelná, zvyšuje se riziko rozvoje posttraumatické stresové poruchy (PTSD). Při chronickém působení se u některých dětí objevují rysy odpovídající komplexní PTSD (C-PTSD) dle klasifikace ICD-11.

U PTSD se mozek může nadměrně „naučit" signály nebezpečí a současně nedostatečně rozpoznávat signály bezpečí. Spánek bývá lehčí a snáze přerušovaný, zvyšuje se úleková reakce a pozornost se zužuje na potenciální hrozby. Dotěrné vzpomínky mohou pronikat ve formě obrazů, tělesných vjemů či nutkání. Aby dítě zvládlo zátěž, může se vyhýbat místům, lidem, aplikacím nebo rozhovorům připomínajícím problém, což postupně zužuje každodenní fungování. Někdy se upevňují studem zabarvená přesvědčení, například „jsem špatný/špatná", „je to moje vina" nebo „lidem se nedá věřit", zejména pokud ke stresujícím událostem dochází v sociálním prostředí.

C-PTSD navíc přináší dlouhodobější obtíže v regulaci emocí, v důvěře ve vztazích a ve stabilním vnímání sebe sama. Tyto vzorce jsou pravděpodobnější tehdy, pokud se šikana kombinuje s pečujícími reakcemi, které dítě prožívá jako nepředvídatelné.

Emoční ambivalence a kontrolní smyčka

Smíšené pocity vůči významným osobám - například náklonnost k učiteli či pečujícímu spolu s obavami z jejich reakcí - jsou součástí běžného vývoje. Pokud jsou však tyto pocity intenzivní, časté a spojené s nerovnováhou moci, některé děti se snaží zvládnout nejistotu vytvářením větší kontroly. Mohou se opakovaně ujišťovat (např. ptát se, zda nejsou „v průšvihu"), vyhledávat ujištění mnohokrát denně nebo organizovat předměty a rutiny tak dlouho, dokud nepůsobí „správně".

U zranitelnější části dětí se tyto návyky mohou rozvinout do obsesivně-kompulzivních příznaků. O OCD hovoříme tehdy, když jsou obsese a kompulze časově náročné, výrazně zátěžové a narušují fungování. Ne každé kontrolní chování je OCD; **hyperaktivace nervového systému** spojená s traumatem však může ritualizované strategie zvládání podporovat, protože rituály přinášejí okamžitou úlevu a mozek se je následně učí znovu používat.

Umlčený hlas: proč některé děti přestávají mluvit

Děti sledují, co následuje poté, co použijí svůj hlas. Pokud je vyjádření opakovaně následováno zlehčováním, trestem nebo ignorováním, některé děti volí uklidňování okolí, nepřímou komunikaci prostřednictvím somatických potíží či stažení, případně se opírají o soukromé rituály namísto rozhovoru. Typickými znaky jsou skenování tváří dospělých před promluvením, předem nacvičené omluvy a odpověď „nevím", která snižuje riziko negativní reakce.

Když jsou domácí reakce nepředvídatelné

V některých rodinách mohou určité vzorce chování působit na dítě tlakem nebo zastrašujícím dojmem. Tato část popisuje chování v konkrétních situacích, nikoli osoby či identity, a předpokládá sdílený cíl bezpečí a propojení. Zjevné vzorce mohou zahrnovat zvýšený hlas, posměch nebo veřejné napomínání; subtilnější vzorce mohou spočívat v dlouhodobém stažení vřelosti či triangulaci mezi sourozenci. Pokud se důsledky chování výrazně liší ze dne na den, mohou se výsledky jevit jako obtížně předvídatelné. Mnohé děti působí uvolněně, když je konflikt nepravděpodobný, a bděle, když hrozí; některé začínají přebírat odpovědnost za pocity druhých (např. „kdybych byl lepší, nebyli by naštvaní").

Podpůrné alternativy se zaměřují na předvídatelnost a nápravu. Doporučuje se dohodnout se na malém počtu jasných pravidel a spojit je s krátkými, konzistentními reakcemi. Po konfliktu je vhodné pojmenovat dopad a učinit konkrétní krok k nápravě. Sarkasmus či „tichou domácnost" lze nahradit krátkou deeskalací a plánovaným **krátkým strukturovaným rozhovorem**. Pro odborníky je klíčové popisovat chování a jeho dopady namísto nálepkování a v případě újmy či věrohodného rizika postupovat dle místních ochranných postupů.

PTSD a OCD v klinické praxi: rychlé rozlišení

Základní hybatel se liší. U PTSD je strach vázán na podněty spojené s minulými událostmi; u OCD

se soustředí na obávané následky, jako je kontaminace, újma či potřeba symetrie. Liší se i ochranné strategie. U PTSD se vyhýbání a bezpečnostní chování vztahují k traumatickým podnětům, zatímco u OCD rituály směřují k neutralizaci dotěrných myšlenek nebo k prevenci obávaných událostí. Odlišná je také kvalita intruzí: u PTSD působí jako fragmenty znovuprožívání, zatímco u OCD jde o ego-dystonní myšlenky, obrazy či impulzy, které nejsou prožívány jako vzpomínky.

Tomu odpovídá i léčebné zaměření: práce s traumatem se soustředí na obnovení pocitu bezpečí a zpracování paměťových stop, zatímco léčba OCD klade důraz na expoziční terapii s prevencí reakce (ERP). Mnohé děti profitují z obou přístupů, pokud jsou citlivě načasovány.

Mapování pro rodiny a školy

Začněte mapováním tří světů: co je doma, ve škole a mezi vrstevníky nebo online chváleno, korigováno a přehlíženo. Zajímejte se o to, jak je přijímán dětský hlas – když dítě nesouhlasí, kdo naslouchá a co následuje. Zaznamenávejte časovou náročnost rituálů či vyhýbavého chování, jejich spouštěče, krátkodobou úlevu i míru rodinného přizpůsobování. Sledujte otázky důstojnosti a bezpečí (ponižování, zastrašování, izolaci, hrozby) a dále funkční oblasti, jako je kvalita spánku, školní docházka, vztahy, volnočasové aktivity a učení. Standardizované nástroje (např. SDQ, RCADS, CY-BOCS) mohou tento obraz doplnit, nikoli nahradit klinický úsudek. Pokud se chování výrazně liší napříč kontexty, zvažte screening poruch spánku a neurovývojových obtíží, například ADHD či poruch autistického spektra.

Péče: trauma-informovaná a praktická

Nejprve je třeba stabilizace a sladění. Upřednostňujte respektující komunikaci, předvídatelné hranice a deeskalační strategie. Jednostránkový plán konzistence sdílený mezi domovem a školou snižuje nejistotu: několik jednoduchých pravidel, omezená sada klidných a předvídatelných reakcí a krátké denní rituály propojení. Omezení ujišťovacích smyček přispívá k poklesu úzkosti; dospělí mohou přejít k podpůrnému koučování (např. „Je to těžké a zvládneš to. Použijme plán.").

Dalším krokem jsou dovednosti před „příběhy". Učte rytmizované dýchání, krátkou svalovou relaxaci a pohybové pauzy k regulaci aktivace. Rozvíjejte slovník emocí a vyjasnění hodnot („Kdo jsem napříč svými třemi světy?") a nacvičujte postupnou práci s hlasem: volbu, vyjádření preference, stanovení hranice, žádost o změnu a odmítnutí.

Trauma zpracovávejte tehdy, když je dítě bezpečnější a má dostatečnou oporu. Pomoci může trauma-fokusovaná kognitivně-behaviorální terapie nebo EMDR pro děti, s pečlivým tempem a důrazem na stabilizaci. Zapojte pečující do obnovy signálů bezpečí a snižování viny či studu.

Pokud je přítomno OCD, cíleně využijte ERP v trauma-informovaném provedení, aby expozice cílily na obsesivní témata, aniž by posilovaly vyhýbání se traumatu. Vzdělávejte rodiče ke snižování tzv. akomodace a k posilování odvážného chování. Důležitá klinická zásada zní: na pořadí záleží – nejprve stabilizovat a obnovit předvídatelnost, poté zpracovat trauma a následně dle potřeby ERP. V mnoha rodinách již omezení ujišťování a sladění reakcí dospělých významně snižuje celkovou symptomovou zátěž.

Sledování pokroku

Mezi ukazatele patří méně ujišťovacích smyček a kratší čas strávený v rituálech, více spontánní sebeobhajoby, lepší usínání a ranní připravenost, stabilnější školní docházka a klidnější reakce dospělých s menší eskalací. Krátké týdenní přehledy těchto ukazatelů pomáhají rodinám i školám včas zaznamenat zlepšení a upravit plán dříve, než se obtíže prohloubí.

Ukázkový plán konzistence

Praktický plán by měl být stručný a viditelný. Jedna rodina se dohodla na pravidlech „Mluvíme s respektem", „Dodržujeme domluvený rozvrh úkolů a práce s obrazovkami" a „Problémy řešíme slovy". Reakce byly obdobně jednoduché: dvouminutový reset při prvním porušení, ztráta konkrétního privilegia pro daný den při druhém a malý nápravný krok, který pojmenoval dopad a stanovil konkrétní úpravu. Denní rituály propojení zahrnovaly desetiminutový individuální **strukturovaný rozhovor po škole** na stejném místě a krátkou večerní rutinu s čtením nebo uklidňující zvukovou stopou. Dítě si sepsalo třířádkový „kód konzistence": „Říkám pravdu, i když je to těžké. Používám hlas s respektem. Po chybách to zkouším znovu."

Jazyk, který mohou dospělí používat

Vhodné jsou krátké a klidné formulace: „Stejné pravidlo, stejná reakce – aby ses nemusel(a) dohadovat," nebo „Smíšené pocity jsou v pořádku, ubližující chování ne." Při narůstajícím napětí často pomůže: „Nebudu se hádat. Tady je plán, na kterém jsme se dohodli." V úzkostných chvílích lze říci: „Ujišťovat nebudu, ale pomohu ti použít strategii." Po sdělení obtíží: „Děkuji, že jsi mi to řekl(a). Nejsi v průšvihu za to, že používáš hlas." Doporučuje se vyhýbat srovnávání dětí a výrokům typu „Kdybys mě měl(a) rád(a), přestal(a) bys".

Varovné signály a další kroky

Okamžitě eskalujte při fyzickém ublížení, věrohodných hrozbách, obtěžování či šikaně. Všímejte si rychlých změn spánku nebo hmotnosti, odmítání školy či sociálního stažení. Kompulze zabírající více než hodinu denně nebo výrazná tíseň při jejich zamezení vyžadují intenzivnější pomoc. Pokud dochází k trvajícímu zastrašování nebo újmě v jakémkoli kontextu (domov, škola, vrstevníci, online), postupujte dle místních ochranných postupů. Bezprostřední prioritou je bezpečí a důstojnost dítěte.

Pro kliniky (stručný přehled)

Typické potíže zahrnují variabilitu chování napříč kontexty, hypervigilanci, vyhýbání, ujišťovací cykly a omezené používání dětského hlasu. Neutrální formulace propojuje chronický mezilidský stres a nesoulad prostředí s rysy PTSD/C-PTSD a upozorňuje, že kompulze mohou fungovat jako kontrolní strategie. Rodinné interakční vzorce, které dítě prožívá jako zahanbující, zastrašující nebo nepředvídatelné, mohou udržovat strach. Typický plán zahrnuje sladění bezpečí a konzistence, koučování pečujících, trauma-fokusovanou práci při stabilitě, trauma-informovanou ERP při OCD, školní koordinaci a rutinní monitorování rizik. Nástroje jako CY-BOCS, RCADS a SDQ lze použít při vstupu a při kontrolách po 4–6 týdnech.

Postranní prvky pro sazbu (volitelné)

Citace bez obviňování: „To, co vypadá jako nekonzistence, je často adaptace na smíšená pravidla", „Bezpečí není ticho; je to předvídatelnost a použitelný hlas", „Kompulze vyměňují krátkodobou úlevu za dlouhodobý strach". Infografika může znázornit domov, školu a širší svět se třemi pravidly, třemi reakcemi a třemi rituály propojení a ukázat jejich sladění.

Literatura

Arseneault, L. (2018). Annual Research Review: The persistent and pervasive impact of being bullied in childhood and adolescence: Implications for policy and practice. Journal of Child Psychology and Psychiatry, 59(4), 405–421. https://doi.org/10.1111/jcpp.12841

Cary, C. E., & McMillen, J. C. (2012). The data behind the dissemination: A systematic review of trauma-focused cognitive behavioural therapy for use with children and youth. Children and Youth Services Review, 34(4), 748–757. https://doi.org/10.1016/j.childyouth.2012.01.011

Chorpita, B. F., Yim, L., Moffitt, C., Umemoto, L. A., & Francis, S. E. (2000). Assessment of symptoms of DSM-IV anxiety and depression in children: The Revised Child Anxiety and Depression Scale. Behaviour Research and Therapy, 38(8), 835–855. https://doi.org/10.1016/S0005-7967(99)00130-8

Cloitre, M., Shevlin, M., Brewin, C. R., Bisson, J. I., Roberts, N. P., Maercker, A., Karatzias, T., & Hyland, P. (2018). The International Trauma Questionnaire: Development of a self-report measure of ICD-11 PTSD and complex PTSD. Acta Psychiatrica Scandinavica, 138(6), 536–546. https://doi.org/10.1111/acps.12956

Cohen, J. A., Mannarino, A. P., & Deblinger, E. (2017). Treating trauma and traumatic grief in children and adolescents (2nd ed.). Guilford Press. (Publisher page)

Cohen, J. A., Deblinger, E., & Mannarino, A. P. (2018). Trauma-focused cognitive behavioural therapy for children and families. Psychotherapy Research, 28(1), 47–57. https://doi.org/10.1080/10503307.2016.1208375

Freeman, J. B., Sapyta, J., Garcia, A., Compton, S., Khanna, M., Flessner, C., Ginsburg, G., Riddle, M. A., Keeton, C., Adam, K. S., Leonard, H., Franklin, M., & March, J. (2014). Family-based treatment of early childhood obsessive-compulsive disorder: The Pediatric OCD Treatment Study Junior (POTS Jr.) randomised clinical trial. JAMA Psychiatry, 71(6), 689–698. https://doi.org/10.1001/jamapsychiatry.2014.170

Geller, D. A., March, J., Walter, H. J., Bukstein, O., et al. (2012). Practice parameter for the assessment and treatment of children and adolescents with obsessive-compulsive disorder. Journal of the American Academy of Child & Adolescent Psychiatry, 51(1), 98–113. https://doi.org/10.1016/j.jaac.2011.09.019

Goodman, R. (1997). The Strengths and Difficulties Questionnaire: A research note. Journal of Child Psychology and Psychiatry, 38(5), 581–586. https://doi.org/10.1111/j.1469-7610.1997.tb01545.x

Gregory, A. M., & Sadeh, A. (2012). Sleep, emotional and behavioural difficulties in children and adolescents. Sleep Medicine Reviews, 16(2), 129–136. https://doi.org/10.1016/j.smrv.2011.03.007

Hamm, M. P., Newton, A. S., Chisholm, A., Shulhan, J., Milne, A., Sundar, P., Ennis, H., Scott, S. D., & Hartling, L. (2015). Prevalence and effect of cyberbullying on children and young people: A scoping review of social media studies. JAMA Paediatrics, 169(8), 770–777. https://doi.org/10.1001/jamapediatrics.2015.0944

Lebowitz, E. R., Leckman, J. F., Panza, K. E., & Bloch, M. H. (2012). Family accommodation in obsessive-compulsive disorder. Expert Review of Neurotherapeutics, 12(2), 229–238. https://doi.org/10.1586/ern.11.200 (Open-access summary)

Lewey, J. H., Smith, C. L., Bunnell, B. E., Thaler, N. S., & Khawaja, I. S. (2018). Comparing the effectiveness of EMDR and TF-CBT for children and adolescents: A meta-analysis. Journal of Child & Adolescent Trauma, 11(4), 457–472. https://doi.org/10.1007/s40653-018-0212-1

March, J.S., Franklin, M. E., Foa, E. B., Kozak, M. J., et al.; Pediatric OCD Treatment Study (POTS) Team. (2004). Cognitive-behaviour therapy, sertraline, and their combination for children and adolescents with obsessive-compulsive disorder: A randomised controlled trial. JAMA, 292(16), 1969–1976. https://doi.org/10.1001/jama.292.16.1969

Scahill, L., Riddle, M. A., McSwiggin-Hardin, M., Ort, S. I., King, R. A., Goodman, W. K., Cicchetti, D., & Leckman, J. F. (1997). Children's Yale-Brown Obsessive Compulsive Scale: Reliability and validity. Journal of the American Academy of Child & Adolescent Psychiatry, 36(6), 844–852. https://doi.org/10.1097/00004583-199706000-00023

World Health Organisation. (2013). Guidelines for the management of conditions specifically related to stress. WHO. (Official page + PDF)

Věda o hypnóze: jak se mozek mění během hypnotických stavů

Dr. Imdad Ullah

Úvod

Pojďme se zaměřit na hypnózu. Pravděpodobně jste ji viděli ve filmu nebo jste se s ní setkali osobně. Co však hypnóza skutečně je?

Hypnóza je především specifický stav vědomí, ve kterém je člověk výrazně soustředěný a otevřenější podnětům a návrhům. Nejde o ovládání mysli, jak se někdy mylně předpokládá. Jedinec si zachovává kontrolu nad sebou samým, avšak jeho pozornost je výrazně obrácena dovnitř.

Lze si ji představit podobně jako denní snění. Člověk nespí, ale zároveň si není plně vědom všech vnějších podnětů. Nachází se v uvolněném stavu, který umožňuje snazší přístup k nevědomým procesům.

Hypnoterapeut může do tohoto stavu pomoci vstoupit prostřednictvím technik, jako jsou klidná řeč, vedená představivost či cílené soustředění. Jakmile je tento stav navozen, lze nabídnout podněty, které mohou podpořit změnu chování nebo pomoci při řešení obtíží. Hypnóza se například využívá při odvykání kouření, zvládání bolesti nebo při práci se strachem.

Je však důležité mít na paměti, že hypnóza nepůsobí na každého stejným způsobem a její účinnost se mezi jednotlivci liší. Výsledek závisí na míře připravenosti, schopnosti soustředění a také na kvalitě odborníka. Klíčové je vyhledat kvalifikovaného a eticky jednajícího hypnoterapeuta s odpovídajícím vzděláním. Stejně jako u jiných forem intervence je zásadní, aby šlo o profesionála, který rozumí své práci a respektuje klienta.

Hypnóza tedy představuje stav intenzivního soustředění, který může napomoci změně. Nejde o magické řešení ani rychlou nápravu, ale při správném a odborném použití může být přínosná. Pokud o hypnóze uvažujete, je vhodné se informovat a vyhledat odborníka, který vám může poskytnout kvalifikovanou podporu.

Změny v mozku během hypnózy

Výzkumníci využívají metody, jako je funkční magnetická rezonance (fMRI) a elektroencefalografie (EEG), ke studiu toho, jak hypnóza ovlivňuje mozkovou činnost. Tyto nástroje ukazují, že během hypnózy dochází ke specifickým změnám v aktivitě a propojení jednotlivých mozkových oblastí.

Klíčové mozkové oblasti

- **Prefrontální kortex (PFC)**
  Tato oblast se podílí na plánování, sebekontrole a rozhodování. Během hypnózy její aktivita klesá, což může vést ke snížení nadměrného hodnocení a ke zvýšené otevřenosti vůči podnětům.
- **Přední cingulární kortex (ACC)**
  ACC hraje důležitou roli v regulaci pozornosti. V hypnotickém stavu se jeho aktivita zvyšuje, což umožňuje hlubší zaměření na terapeutické podněty a omezení rušivých vlivů.

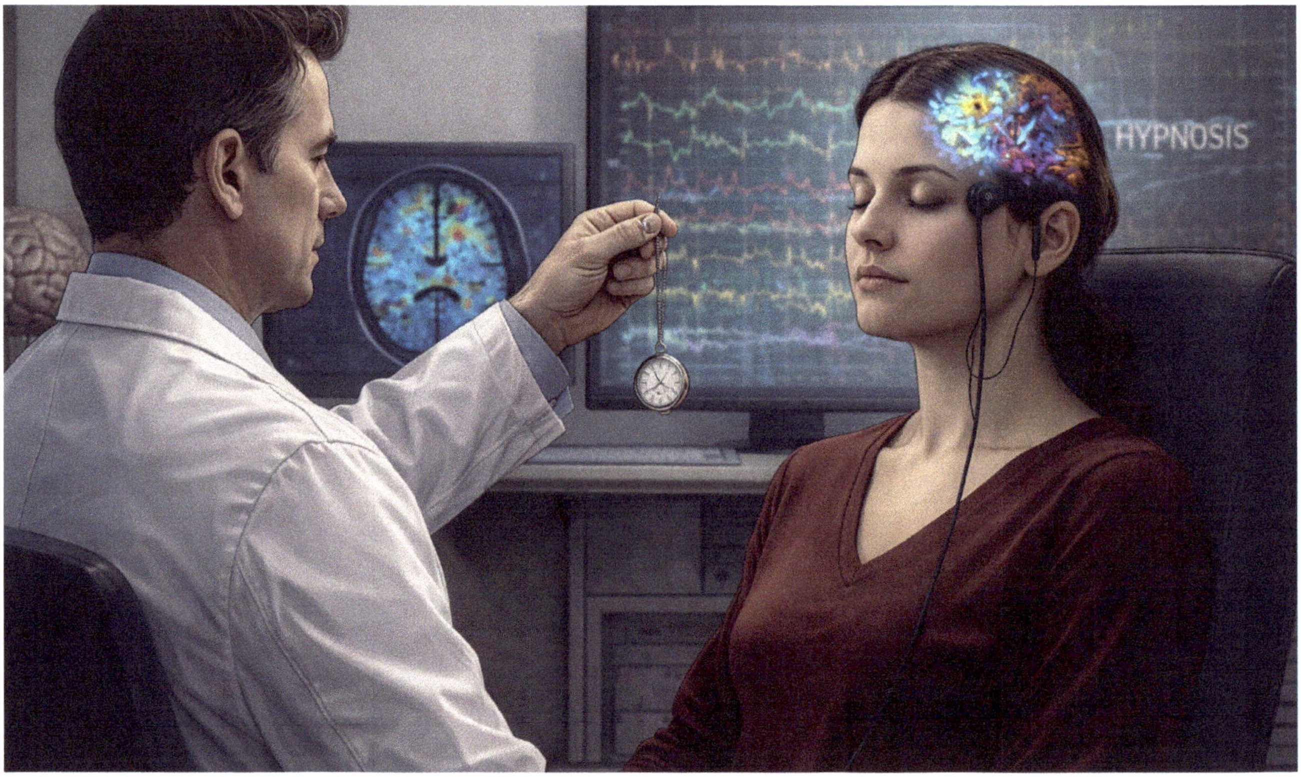

- **Výchozí síť mozku (Default Mode Network, DMN)**
  Tato síť je aktivní při sebereflexi a spontánním myšlení. V průběhu hypnózy její aktivita klesá, což podporuje přesun pozornosti od vnitřního monologu k aktuálně prožívanému vedení a zkušenosti.

Mozková propojení

Hypnóza může měnit způsob, jakým spolu jednotlivé mozkové oblasti komunikují. Přední části mozku se silněji propojují s oblastmi zodpovědnými za emoce a tělesné vjemy, což může vysvětlovat účinky hypnózy na bolest a emoční prožívání. Současně může docházet k oslabení propojení s oblastmi zpracovávajícími smyslové informace, což se někdy projevuje změnami vnímání, dezorientací nebo zkreslením časového prožitku.

Mozkové vlny

Studie využívající EEG ukazují, že hypnóza je spojena se zvýšenou aktivitou theta vln (4–8 Hz). Tyto vlny jsou často spojovány s uvolněním, kreativitou a stavem klidné bdělosti. Naopak alfa vlny (8–12 Hz), které souvisejí s lehkou relaxací, mohou během hlubšího hypnotického zapojení klesat.

Hypnóza a úleva od bolesti

Hypnóza je často využívána ke zvládání bolesti, a to jak akutní, tak chronické. Neurozobrazovací studie ukazují, že ovlivňuje jak mozkové oblasti zpracovávající senzorickou složku bolesti, tak oblasti spojené s její emoční interpretací. Díky tomuto dvojímu působení může být bolest vnímána jako méně intenzivní a méně zatěžující. V některých případech je hypnóza využívána i během chirurgických zákroků ke snížení potřeby farmakologické analgezie, což ilustruje její potenciální klinický význam.

Proč je to důležité

Porozumění tomu, jak hypnóza mění mozkovou činnost, umožňuje lépe chápat vztah mezi myslí a tělesným prožíváním. Tyto poznatky mohou přispět ke zlepšení intervencí zaměřených na úzkost, depresivní ladění či chronické napětí tím, že podporují zdravější vzorce myšlení a regulace emocí. Identifikace klíčových mozkových mechanismů může vést k dalšímu zpřesnění a individualizaci hypnotických postupů.

Budoucí směry výzkumu

Lidé reagují na hypnózu rozdílně a příčiny těchto rozdílů jsou stále předmětem výzkumu. Současné studie se zaměřují na analýzu mozkových signálů, které by mohly předpovědět, kdo bude z hypnózy nejvíce profitovat, a na roli neurochemických procesů, například dopaminu. Pokročilejší zobrazovací technologie mohou v budoucnu přinést ještě detailnější poznatky o účincích hypnózy na lidský mozek.

Závěr

Reakce na hypnózu se mezi jednotlivci liší a vědecké poznání těchto rozdílů se nadále rozvíjí. Výzkum se stále více zaměřuje na identifikaci neurobiologických faktorů, které určují její účinnost, a na pochopení role mozkových neurotransmiterů. S rozvojem zobrazovacích metod lze očekávat hlubší porozumění tomu, jak hypnóza působí a jak ji lze cíleně využít v klinické praxi.

Literatura

Jensen, M. P., & Barrett, T. D. (2024). *The Role of Electroencephalogram-Assessed Bandwidth Power in Response to Hypnotic Analgesia.* Brain Sciences, 14(6), 557. https://doi.org/10.3390/brainsci14060557

Jensen, M. P., & Patterson, D. R. (2014). *Hypnotic Approaches for Chronic Pain Management: Clinical Implications of Recent Research Findings.* American Psychologist, 69(2), 167–177. https://doi.org/10.1037/a0035644

Jiang, H., White, M. P., Greicius, M. D., Waelde, L. C., & Spiegel, D. (2016). *Brain Activity and Functional Connectivity Associated with Hypnosis.* Cerebral Cortex. https://doi.org/10.1093/cercor/bhw220

McGeown, W. J., Mazzoni, G., Venneri, A., & Kirsch, I. (2009). *Hypnotic Induction Decreases Anterior Default Mode Activity.* Consciousness and Cognition, 18(4), 848–855. https://doi.org/10.1016/j.concog.2009.09.001

De Pascalis, V. (2024). *Brain Functional Correlates of Resting Hypnosis and Hypnotizability: A Review.* Brain Sciences, 14(2), 115. https://doi.org/10.3390/brainsci14020115

Budoucnost lidské mysli v době informačního přetížení

Jakub Tencl, Ph.D.

Abstrakt

V jednadvacátém století je lidský mozek vystaven úrovni stimulace, která nemá v evoluční historii obdoby. Každodenní záplava notifikací, zpráv a datových toků neustále přitahuje pozornost a zatěžuje kognitivní procesy. Neurověda ukazuje, že se mozek přizpůsobuje prostřednictvím mechanismů neuroplasticity a že tyto adaptace mohou v průběhu času ovlivnit nejen individuální fungování, ale i dlouhodobý směr lidské evoluce. Tento článek zkoumá, jak nepřetržité informační bombardování ovlivňuje neurobiologii, kognici, regulaci stresu a emoční rovnováhu, a nastiňuje možné evoluční tlaky, které se mohou projevit v nadcházejících staletích. Klíčovým tvrzením je, že lidský mozek se může vyvíjet směrem k efektivnějšímu filtračnímu systému, schopnému pracovat s více vrstvami významu při zachování odolnosti vůči stresu. Článek se dále věnuje rostoucí roli technologické symbiózy a kulturní adaptace prostřednictvím praxe ticha a všímavosti. V závěru jsou uvedeny implikace pro hypnoterapii, s důrazem na terapeutické rozvíjení selektivní pozornosti, stresové odolnosti a emoční integrace jako adaptivních reakcí na informační prostředí. Základní teze je jednoduchá, avšak zásadní: informační přetížení není pouze výzvou pro duševní zdraví, ale také tvůrcem budoucí lidské mysli.

Úvod: informace jako nové prostředí

Prostředí formovalo každou epochu lidských dějin. Když naši předkové ovládli oheň, změnily se jejich ruce, strava i struktura čelistí. Zemědělství proměnilo kočovné skupiny v usedlé společnosti a přetvořilo kognici směrem k plánování a dlouhodobé spolupráci. Průmyslová revoluce redefinovala lidské rytmy a zavedla stroje, které určovaly tempo práce i odpočinku.

Dnes je však dominantní silou utvářející lidský život nikoli materiální prostředí v tradičním smyslu, nýbrž prostředí informační. Poprvé v historii je mozek ponořen do čtyřiadvacetihodinového cyklu dat. Chytré telefony září u postelí, e-maily přicházejí během jídla a sociální sítě nabízejí nepřetržitý proud obrazů, názorů a zpráv. To, co dříve vyžadovalo aktivní hledání - znalosti, komunikace, novost - je nyní doručováno bez vyžádání a vyžaduje pozornost, místo aby na ni čekalo.

Informační prostředí je v několika ohledech jedinečné. Zaprvé je nepřetržité: na rozdíl od lesů či řek, které mají své cykly klidu, data proudí ve dne v noci. Zadruhé je nelokální: pozornost je přitahována ke vzdáleným konfliktům, trendům či příležitostem, čímž se stírá hranice mezi bezprostředním přežitím a abstraktním poznáním. Zatřetí je nevtělené: informace se přímo nedotýká kůže jako hlad či počasí, přesto zaplňuje mozek, jako by šlo o existenční hrozbu.

Toto nové prostředí není neutrální. Mozek se díky své pozoruhodné neuroplasticitě přetváří v reakci na opakovanou stimulaci. Informační bombardování tak působí jako evoluční tlak - nejen že mění způsob myšlení a prožívání dnešních jedinců, ale klade i otázky o tom, jaký typ lidí bude prosperovat v budoucnosti. Pro hypnoterapeuty a odborníky na duševní zdraví není toto prostředí pouhou kulisou, nýbrž centrálním prostorem, v němž je třeba kultivovat pozornost, emoce a odolnost.

Neuroplasticita pod tlakem informací

Lidský mozek je definován schopností měnit se. Synapse - drobná spojení mezi neurony - se při opakovaném používání posilují a při nevyužívání oslabují. Tento proces, označovaný jako synaptická plasticita, umožňuje mozku adaptovat se na prostředí tak rozdílná, jako jsou pouště, města či kláštery. Při informačním přetížení se uplatňují tytéž mechanismy, avšak s komplexními a někdy paradoxními důsledky.

Synaptické prořezávání a růst

V raném dětství mozek produkuje nadbytek synapsí, které jsou následně prořezávány podle zkušenosti. Podobný proces probíhá po celý život. Pokud je mozek neustále vystavován rychlým a povrchním podnětům, posiluje okruhy pro skenování a detekci novosti, zatímco okruhy pro dlouhodobé soustředění slábnou. V čase to může vést k efektivitě v multitaskingu, avšak ke křehkosti hluboké koncentrace.

Dopaminový cyklus

Informace, zejména nové, aktivují systém odměny prostřednictvím uvolňování dopaminu. Každá notifikace se stává mikoodměnou a vytváří cyklus vyhledávání a uspokojení. Systém, který dříve pomáhal nalézat potravu či zaznamenat predátora, dnes poutá pozornost k nekonečným digitálním proudům. Výsledkem může být styl pozornosti zaměřený na krátké záblesky novosti na úkor trvalého zapojení.

Přetížení pracovní paměti

Prefrontální kortex, jenž řídí uvažování a rozhodování, má omezenou kapacitu současného zpracování informací. Při zahlcení se pracovní paměť fragmentuje, což vede k roztříštěnému myšlení a obtížím v rozlišování signálu od šumu. Tento efekt odpovídá subjektivní zkušenosti „informační únavy", kdy se jasnost vytrácí pod vahou nadměrného vstupu.

Hypnóza jako protiváha

Zajímavé je, že hypnotické stavy působí proti těmto tendencím. Zúžením pozornosti a pozastavením navyklého skenování hypnóza znovu učí mozek zaměřovat se na hloubku místo povrchu. Neurozobrazovací studie ukazují změny ve funkční konektivitě během hypnózy, se zvýšenou aktivitou oblastí spojených s cílenou pozorností a sníženou aktivitou výchozí mozkové sítě, která jinak podporuje rozptýlení (Spiegel & Spiegel, 2004). Hypnoterapie tak může nejen zmírňovat přetížení, ale i aktivně kultivovat okruhy, jež vyvažují současné prostředí.

Stres, bdělost a reakce těla

Mozek není jediný, kdo čelí informačnímu přetížení. Také tělo reaguje, jako by každá zpráva představovala hrozbu vyžadující zvýšenou bdělost.

Kortizol a bdělost

Informační bombardování aktivuje stresovou odpověď a zvyšuje hladinu kortizolu. Zatímco krátkodobě je tato reakce adaptivní, chronická aktivace vede k tzv. alostatické zátěži – opotřebení organismu v důsledku opakovaných stresových reakcí (McEwen, 2007). Zvýšený kortizol poškozuje neurony hipokampu, narušuje paměť a senzibilizuje amygdalu, čímž zvyšuje reaktivitu.

Strukturální změny

Výzkumy naznačují, že dlouhodobý stres může přetvářet mozkové struktury. Hipokampus, klíčový pro paměť a učení, se může při chronickém působení kortizolu zmenšovat. Amygdala, spojená se strachem a bdělostí, se může zvětšovat a zesilovat emoční reakce. Současně může oslabovat prefrontální kortex, který reguluje impulzy a plánování, čímž se snižuje exekutivní kontrola.

Epigenetické důsledky

Stres neovlivňuje pouze jednotlivce, ale může měnit i vzorce genové exprese přenášené napříč generacemi. To otevírá možnost, že informační přetížení bude formovat nejen současnou kognici, ale i budoucí fyziologii prostřednictvím epigenetické dědičnosti.

Hypnóza v regulaci stresu

Bylo prokázáno, že hypnoterapie snižuje fyziologickou aktivaci, krevní tlak a zlepšuje variabilitu srdeční frekvence. Navozením relaxace a přerámováním stresorů přerušuje hypnóza cyklus bdělosti a poskytuje terapeutickou ochranu proti evolučním tlakům přetížení.

Evoluční trajektorie

Jak by mohla staletí vystavení neustálým informacím formovat lidský mozek prostřednictvím přirozeného výběru?

Filtrující mozek

Jedinci s mozkem schopným efektivně filtrovat nerelevantní informace mohou být odolnější a výkonnější. Výběr může postupně zvýhodňovat neuronální architektury, které automaticky odstraňují šum a do vědomí propouštějí pouze smysluplné signály.

Kognitivní flexibilita versus hluboké soustředění

Zásadní evoluční napětí se odehrává mezi šíří a hloubkou. V prostředí nepřetržitého vstupu jsou rychlé přepínání a povrchní skenování výhodné. Společnosti však zároveň potřebují hluboké myslitele – vědce, umělce, filozofy. Evoluce tak může vést spíše k diverzifikaci než k homogenizaci kognice.

Fenotypy odolné vůči stresu

Jedinci schopní snášet trvalou bdělost bez zdravotních následků mohou předávat rysy usnadňující regulaci stresu. To by mohlo vést k nervovým systémům s utlumenější kortizolovou reakcí a rychlejší regenerací.

Kulturní evoluce

Evoluce není pouze genetická. Praktiky jako všímavost, digitální detox nebo hypnotický trénink se mohou šířit kulturně a formovat kolektivní odolnost. Kulturní evoluce může postupovat rychleji než genetická adaptace a vytvářet společenské „imunitní systémy" proti přetížení.

Horizont divergence

Lidstvo se může rozdělit do dvou trajektorií: jedné, která se hladce integruje se stroji a outsourcuje paměť i pozornost umělým systémům, a druhé, která kultivuje vtělenou přítomnost a hodnotí ticho a pomalost. Tyto větve mohou koexistovat symbioticky, podobně jako ekologické niky v jednom prostředí.

Symbióza s technologií

Nástroje vždy rozšiřovaly lidskou kognici. Písmo externalizovalo paměť, tisk znásobil znalosti a internet globalizoval komunikaci. Další fáze může zahrnovat přímou symbiózu s technologií.

Rozšířená mysl

Filozof Andy Clark popsal hypotézu „rozšířené mysli", podle níž nejsou nástroje vně kognice, ale stávají se její součástí, jsou-li hladce integrovány. Již dnes fungují chytré telefony jako protézy paměti, kalendáře či navigace. Budoucí rozhraní mohou tuto hranici dále rozostřit.

Implikační rovina pro hypnózu

V terapeutické praxi to vyvolává nové otázky: jak navodit trans u mysli, která je již rozšířena do strojů? Může hypnóza pomoci přenastavit nejen osobní návyky, ale i digitální interakční vzorce? Budoucí hypnoterapeuti se mohou stát průvodci v hybridní krajině lidsko-strojové kognice.

Emoční inteligence a moudrost ve světě dat

Když je faktů nadbytek, moudrost se stává vzácnou. Skutečnou evoluční výhodou nemusí být rychlost zpracování, ale rozlišování.

Rozlišování jako adaptační rys

Při zahlcujícím vstupu se schopnost hodnotit kontext a relevanci stává klíčovou. Jedinci, kteří reagují s uváženým soucitem místo impulzivní reaktivity, mohou přispívat ke stabilnějším sociálním strukturám.

Riziko otupění

Nepřetržitý vstup může znecitlivovat emoční odezvu a vést k apatii. Otupění sice chrání před přetížením, ale ohrožuje empatii. Evoluce může zvýhodňovat ty, kteří vyvažují odolnost se zachovanou citlivostí.

Hypnóza a integrace

Hypnoterapie obnovuje emoční rovnováhu tím, že znovu propojuje prožitek s tělesným zakotvením. Prostřednictvím imaginace, přerámování a symbolického zpracování podporuje integraci místo fragmentace a posiluje emoční inteligenci tváří v tvář přetížení.

Kulturní evoluce a role ticha

Ticho není nepřítomností, ale přítomností. V kulturách zahlcení se může stát stejně nezbytným jako potrava či spánek.

Digitální sabaty

Již dnes se objevují praktiky „digitálního detoxu" či „sabatního režimu", kdy se lidé záměrně odpojují od zařízení. V průběhu staletí se tyto praktiky mohou stát kulturní normou zajišťující kolektivní rovnováhu.

Rituály klidu

Společnosti mohou institucionalizovat prostory ticha podobně, jako starověké kultury budovaly chrámy či kláštery. Tyto pauzy budou fungovat jako evoluční nárazníky, chránící duševní zdraví a posilující kulturní identitu.

Hypnoterapie jako kulturní praxe

Mimo klinické prostředí mohou být hypnotické techniky integrovány do kolektivních rituálů – vedené ticho, společný trans či vzdělávací trénink pozornosti. V tomto smyslu se hypnoterapie může stát nejen terapeutickým přístupem, ale i kulturní adaptací na informační věk.

Implikační rovina pro hypnoterapeutickou praxi

Pro odborníky jsou důsledky bezprostřední. Hypnoterapie úzce souzní s dovednostmi nezbytnými k přežití a rozkvětu v podmínkách přetížení.

Trénink selektivní pozornosti

Hypnóza učí klienty úzkému zaměření pozornosti a posiluje neuronální okruhy pro hloubku, čímž vyvažuje roztříštěnost vyvolanou přetížením.

Regulace stresu

Snížením aktivace a přerámováním stresorů hypnóza tlumí fyziologickou daň bombardování. Techniky jako progresivní relaxace či imaginace bezpečného místa přímo snižují aktivaci kortizolu.

Navozování hlubokého soustředění

Hypnoterapie může znovu vycvičit schopnost udržet pozornost a obnovit kapacity oslabené neustálým skenováním.

Etická odpovědnost

Hypnoterapeuti neovlivňují pouze symptomy, ale i adaptační procesy. Podpora ticha, rovnováhy a odolnosti přispívá k širší kulturní evoluci.

Kazuistická viněta

Uvažujme klientku zahlcenou neustálým digitálním vstupem, trpící úzkostí a nespavostí. Prostřednictvím série hypnotických sezení se učí zužovat pozornost, vizualizovat hranice kolem informací a navozovat fyziologický klid. Postupně se její stresová reakce snižuje a obnovuje schopnost hlubokého soustředění na smysluplnou práci. Takové případy ukazují význam hypnoterapie nejen jako terapeutického nástroje, ale i jako evolučního tréninku.

Závěr

Informační bombardování není pouze výzvou; je formujícím činitelem lidské mysli. Prostřednictvím neuroplasticity, regulace stresu a kulturní adaptace se mozek vyvíjí v reakci na nepřetržitou stimulaci. V dlouhodobém horizontu může lidstvo rozvinout mozky s efektivnějším filtrováním, nervové systémy s rychlejší regenerací a kultury, které ctí ticho stejně jako rychlost.

Pro hypnoterapeuty tento kontext zdůrazňuje naléhavost i příslib naší práce. Kultivací selektivní pozornosti, stresové odolnosti a emoční integrace pomáhá hypnoterapie lidem adaptovat se nejen na dnešek, ale i na zítřek. V tomto smyslu se naše praxe stává součástí samotné evoluce a směřuje lidskou mysl k moudrosti namísto fragmentace.

Literatura

Diamond, A. (2013). *Executive functions.* Annual Review of Psychology, 64, 135–168.

Kuss, D. J., & Griffiths, M. D. (2017). *Social networking sites and addiction: Ten lessons learned.* International Journal of Environmental Research and Public Health, 14(3), 311.

Lazar, S. W., et al. (2005). *Meditation experience is associated with increased cortical thickness.* NeuroReport, 16(17), 1893–1897.

McEwen, B. S. (2007). *Physiology and neurobiology of stress and adaptation.* Physiological Reviews, 87(3), 873–904.

Od soudů k přesvědčením: jak mysl utváří vlastní realitu

Jakub Tencl, Ph.D.

Úvod: neviditelná cesta od myšlenky k přesvědčení

Když lidé mluví o svých přesvědčeních, často o nich hovoří, jako by šlo o pevné objekty: neměnné, stabilní a samozřejmé pravdy o světě. „Věřím, že nejsem dost dobrý/á", „Věřím, že lidem se nedá věřit" nebo „Věřím, že na laskavosti záleží". Tato přesvědčení však nejsou fixní konstrukce vnucené mysli zvenčí. Jde spíše o konstruované reality, utvářené jemnými psychologickými procesy.

V jádru formování přesvědčení stojí něco mnohem prchavějšího a obyčejnějšího: soud. Soud je okamžité hodnocení – mentální poznámka, která označuje něco jako dobré či špatné, bezpečné či nebezpečné, žádoucí či nežádoucí, pravdivé či nepravdivé. Většina soudů rychle odezní. Za určitých podmínek však nemizí. Zapouští kořeny, nabývá emoční váhu a začíná se opakovat, až postupně krystalizuje v to, co nazýváme přesvědčením.

Porozumět této proměně je v terapeutické práci klíčové. Ukazuje, proč jsou některá přesvědčení mimořádně rigidní, jak udržují psychické utrpení a jak mohou být přetvářena. Tento článek mapuje psychologickou cestu od soudu k přesvědčení, nastiňuje relativní podíl jednotlivých faktorů a ukazuje, jak lze tyto poznatky využít v hypnoterapii i psychoterapii.

Soudy: semena přesvědčení

V kognitivní psychologii jsou soudy rychlým vyhodnocením přicházejících informací. Mají adaptační význam: umožňují rychle rozhodnout, zda je něco bezpečné, odměňující nebo ohrožující. Například:

- „To jídlo divně voní – může být nebezpečné."
- „Usmála se na mě – asi mě má ráda."
- „Ta otázka u testu vypadá těžce – možná neuspěju."

Většina těchto soudů je automatická a vzniká v rámci toho, co Daniel Kahneman označuje jako myšlení Systému 1: rychlé, intuitivní a emočně podmíněné. Nemusí být logické, ale bývá efektivní.

Důležité je, že soud ještě není přesvědčení. Soud je jako první jiskra: myšlenka, která se objeví v reakci na prostředí. Přesvědčení je naproti tomu trvalý plamen, který přetrvává i dlouho poté, co jiskra zhasla.

Emoce: úrodná půda pro vznik přesvědčení

Proč některé soudy okamžitě zmizí, zatímco jiné přetrvávají a sílí? Klíčovou roli zde hrají emoce.

Výzkum afektivní neurovědy ukazuje, že emoční aktivace posiluje ukládání do paměti. Pokud je soud spojen se silným prožitkem – ať už strachem, radostí, studem nebo pýchou – je mnohem pravděpodobnější, že bude zapamatován. Například:

- Letmý postřeh: „Zamračili se."
- Emočně nasycený soud: „Zamračili se na mě – určitě jsem udělal/a něco špatně."
- Vznik přesvědčení: „Lidé se mnou nejsou spokojeni."

Emoce fungují jako úrodná půda: rozhodují o tom, zda se semeno soudu promění v přesvědčení. Neutrální soudy se zřídka stávají přesvědčeními, protože nenesou váhu. Naopak emočně nabité soudy se často ukládají hluboko.

Proto traumatické zkušenosti často vytvářejí silná, život utvářející přesvědčení. Jediná událost může mít tak intenzivní emoční náboj, že soudy vzniklé v daném okamžiku ztvrdnou v celoživotní jistoty.

Paměť a opakování: proces krystalizace

Jeden emočně nasycený soud může nastartovat vznik přesvědčení, avšak opakování jej „ztužuje". Při každém vybavení, znovuprožití nebo potvrzení novou zkušeností soud sílí. Postupně se přesouvá z krátkodobé paměti do dlouhodobé a stává se součástí schémat.

Schémata jsou mentální rámce, které usměrňují percepci. Jakmile se přesvědčení vytvoří, začne fungovat jako filtr, který tvaruje interpretaci dalších zkušeností. Vzniká sebezpevňující cyklus:

1. Vznikne soud („Lidé mě nemají rádi").
2. Emoční náboj jej činí zapamatovatelným.
3. Opakování v nových situacích jej posiluje.
4. Přesvědčení se stane čočkou; i neutrální tváře se jeví jako nesouhlasné.
5. Každé „potvrzení" cyklus zopakuje.

Tímto způsobem se přesvědčení stávají „lepivými". Odolávají vyvrácení, protože od počátku zkreslují to, jak je realita vnímána.

Sociální posilování: ozvěnová komora mysli

Lidé jsou bytosti zásadně sociální. Soudy i přesvědčení nevznikají v izolaci, ale v kulturních a vztahových souvislostech. Sociální posilování hraje v jejich formování významnou roli.

Pokud okolí soud validuje – souhlasem, opakováním nebo autoritou – je mnohem pravděpodobnější, že ztuhne v přesvědčení. Například:

- Dítě si myslí: „Nejsem dobrý/á v matematice."
- Učitel řekne: „Nesnažíš se dost, matematika prostě není tvoje silná stránka."
- Rodiče přidají: „Ty jsi vždycky spíš umělecký typ."
- Výsledné přesvědčení: „Na matematiku prostě nemám."

Sociálně či kulturně posílená přesvědčení jsou silná, protože nežijí jen v individuální mysli, ale i ve sdílené realitě. Proto se hůře zpochybňují: změnit je znamená čelit skupinové shodě.

Psychologie podílů: proporční model

Pokud se pokusíme popsat relativní podíly faktorů při vzniku přesvědčení, může model vypadat takto:

- **Soud (35 %)** poskytuje počáteční jiskru.
- **Emoce (30 %)** určují intenzitu a zapamatovatelnost.
- **Opakování a paměť (20 %)** umožňují krystalizaci do dlouhodobé struktury.
- **Sociální posilování (15 %)** „utěsní" přesvědčení ve sdílené realitě.

Tato čísla nejsou přesným měřením; jde o ilustrativní proporce vyjadřující souhru faktorů. Soud je nezbytný, avšak bez emocí, opakování a sociální validace se zřídka promění v pevné přesvědčení.

Sebezpevňující cyklus přesvědčení

Jakmile je přesvědčení vytvořeno, začne řídit budoucí soudy. Vzniká kruhový proces:

1. Soud vytváří přesvědčení.
2. Přesvědčení zkresluje soudy.
3. Nové soudy posilují přesvědčení.

To vysvětluje, proč se přesvědčení jeví jako samozřejmá. Lidé přesvědčení nejen „mají" – často se ocitají v situaci, kdy přesvědčení „drží je", formuje jejich percepci a samo sebe potvrzuje zkušeností.

Klinické důsledky: proč na tom záleží v terapii

V terapii, zejména v hypnoterapii a kognitivně-behaviorálních přístupech, je porozumění vzniku přesvědčení zásadní. Mnozí klienti přicházejí s obtížemi nikoli primárně kvůli vnějším událostem, ale kvůli přesvědčením, která tyto události vytvořily.

Například:

- Vnější událost: partner zapomene zavolat.
- Soud: „Nezáleží mu na mně."
- Přesvědčení: „Jsem nemilovatelný/á."
- Emoční důsledek: smutek, úzkost, stažení.

Intervence vyžaduje práci na úrovni soudu a přesvědčení, nikoli pouze na úrovni chování.

Terapeutické cesty k přetváření přesvědčení

1. Identifikace klíčových soudů

Prostřednictvím rozhovoru nebo hypnotické regrese terapeut pomáhá klientovi rozpoznat soudy, které původně zasely přesvědčení – například okamžik, kdy dítě poprvé pomyslelo „nejsem v bezpečí".

2. Oslabení emočního náboje

Vytvořením bezpečných stavů (hypnózou, všímavostí, relaxačními technikami) lze snížit emoční intenzitu navázanou na soud. Tím se přesvědčení stává méně rigidním.

3. Zavádění alternativních soudů

Klient je veden k novému hodnocení: „Možná se nemračil kvůli mně," nebo „Zapomenutí neznamená nezájem." Tyto soudy se mohou stát semeny nových přesvědčení.

4. Opakování nových zkušeností

Stejně jako opakování buduje přesvědčení, opakování korektivních zkušeností konsoliduje nová. Proto jsou v terapii podstatné praxe, domácí úkoly a posilování změn.

5. Sociální validace změny

Podpora bezpečných vztahů pomáhá novým přesvědčením zakořenit, protože potvrzení okolím je dále stabilizuje.

Přesvědčení jako návyky souzení

Klíčovým poznatkem tohoto modelu je, že přesvědčení nejsou fixní pravdy, nýbrž návyky souzení. Vznikají z průběžného vyhodnocování světa, tvarovaného emocí, pamětí a sociálním kontextem. A stejně jako návyky mohou být měněna vědomím, praxí a posilováním.

Tato perspektiva pomáhá klientům uvidět, že jejich přesvědčení nejsou neměnná. Tak jako byla kdysi vytvořena, mohou být i znovu utvářena.

Kazuistiky (anonymizované)

Případ 1: Strach ze selhání

- Student opakovaně hodnotil zkušební otázky jako „nezvládnutelné".
- Úzkost dala těmto soudům výraznou emoční váhu.
- Po několika zkouškách soud zkrystalizoval v přesvědčení: „Nejsem schopný/á akademicky uspět."
- Terapie se zaměřila na zpochybnění počátečních soudů a posilování zkušeností drobných úspěchů. Postupně se přesvědčení proměnilo v: „Mohu se učit a zlepšovat, i když jsou věci obtížné."

Případ 2: Nedůvěřující partnerka

- Po jedné zradě klientka hodnotila nové partnery jako pravděpodobný zdroj bolesti.
- Emoční náboj traumatu učinil tento soud mimořádně živým.
- Opakování v nových vztazích jej konsolidovalo do přesvědčení: „Nikomu se nedá věřit."
- Hypnoterapie pomohla snížit emoční intenzitu původní události a zasít nové soudy o důvěryhodnosti v bezpečných kontextech.

Tyto kazuistiky ukazují, že cesta od soudu k přesvědčení může vést k utrpení – a že stejnou cestu lze také směrovat k uzdravení a růstu.

Širší souvislosti: od jednotlivce ke kultuře

Formování přesvědčení není pouze individuální, ale i kulturní proces. Společnosti stojí na sdílených soudech, které krystalizují v kolektivní přesvědčení: „Tato skupina je nebezpečná", „Tento zvyk je posvátný" nebo „Úspěch vypadá takto".

Porozumění tomu, jak soudy vytvářejí přesvědčení u jednotlivce, umožňuje lépe chápat vznik kulturních narativů a jejich odolnost vůči změně. Tato perspektiva otevírá terapeutickou roli nejen pro jednotlivce, ale i pro komunity, které potřebují zpochybňovat destruktivní kolektivní přesvědčení.

Závěr: jemné umění přetváření reality

Přesvědčení jsou mocné síly. Utvářejí percepci, vedou chování a zabarvují emoční svět. Nejsou však nehybná. Ve své podstatě jsou produktem soudů formovaných emocí, pamětí a posilováním.

Pro terapeuty to znamená, že změna je možná. Pomáháme-li klientům zkoumat soudy, oslabovat jejich emoční sevření a zakoušet nové interpretace, podporujeme vznik zdravějších přesvědčení.

Přesvědčení tedy nejsou pouze to, co držíme. Často jsou tím, co drží nás – dokud se nenaučíme vystopovat je zpět k soudům, které jim daly život. Když je tato cesta osvětlena, změna přestává být vzdálenou možností a stává se přirozeným rozvinutím.

Literatura

Asutay, E., & Västfjäll, D. (2024). *Affective integration in experience, judgment, and decision-making.* Communications Psychology, 2, článek 126. https://doi.org/10.1038/s44271-024-00178-2

Cadenas, H. (2023). *The role of social reinforcement in norm transmission and cultural evolution.* Biology & Philosophy, 38(5), 48. https://doi.org/10.1007/s10539-023-09934-w

Harlé, K. M., & Paulus, M. P. (2013). *The influence of emotions on cognitive control.* Frontiers in Human Neuroscience, 7, 508. https://doi.org/10.3389/fnhum.2013.00508

Krach, S., Müller-Pinzler, L., Czekalla, N., Schröder, A., Wilhelm-Groch, I., Luebber, F., Rademacher, L., Stolz, D. S., Paulus, F. M., & Mayer, A. V. (2024). *Examining self-belief formation through artificial beliefs* [Preprint]. ResearchGate.

Presti, S. L., Chen, W., Li, Y., & Zorzi, M. (2025). *Neural correlates of belief formation: An ALE meta-analysis.* Neuroscience & Biobehavioral Reviews, 165, 105407. https://doi.org/10.1016/j.neubiorev.2025.105407)

Scheffer, M., Bascompte, J., Brock, W. A., Brovkin, V., Carpenter, S. R., Dakos, V., Held, H., van Nes, E. H., Rietkerk, M., & Sugihara, G. (2022). *Belief traps: Tackling the inertia of harmful beliefs.* Proceedings of the National Academy of Sciences, 119(48), e2203149119. https://doi.org/10.1073/pnas.2203149119

Potenciál hypnózy v léčbě somatických symptomů a souvisejících poruch

Dr. Uma

Somatická symptomová porucha (Somatic Symptom Disorder, SSD), medicínsky nevysvětlené symptomy (Medically Unexplained Symptoms, MUS) a funkční neurologická porucha (Functional Neurological Disorder, FND) patří k nejnáročnějším stavům v klinické praxi. Jejich příznaky bývají zatěžující, přetrvávající a často rezistentní vůči standardním medicínským postupům. Narůstající množství důkazů ukazuje, že klinická hypnóza - včetně symptomově zaměřených sugescí, střevně orientované hypnoterapie (gut-directed hypnotherapy) a hypnotických technik podporujících přeučování (relearning) u FND - může snižovat intenzitu symptomů a zlepšovat celkové fungování.

Tento článek poskytuje hypnoterapeutům přehled mechanismů, které stojí v pozadí těchto intervencí, praktických léčebných protokolů, podpůrných důkazů a klinických doporučení pro efektivní práci s klienty, u nichž se tyto poruchy objevují [1].

Klinický rozsah

Somaticky laděné symptomy se běžně vyskytují v primární i sekundární péči a jsou spojeny se významnou mírou disability i se zvýšenými náklady na zdravotní péči (např. MUS/PPS a SSD). Psychologická a behaviorální léčba, zejména intenzivnější CBT a multimodální přístupy, vykazují přínos pro určité shluky symptomů. Velikost a trvání účinku se však liší a u mnoha pacientů přetrvávají obtíže i po standardní léčbě.

Klinická hypnóza byla zkoumána u celé řady stavů, včetně chronické bolesti, funkčních gastrointestinálních poruch (zejména IBS), konverzních motorických symptomů a dalších psychosomatických prezentací. Zjištění naznačují, že hypnóza může sloužit jako cílená doplňková intervence a v některých případech může účinně fungovat i jako primární psychoterapeutický přístup [2].

Jak může hypnóza působit (praktické, testovatelné mechanismy)

Pro kliniky je zásadní rozumět podkladovým mechanismům, protože usměrňují volbu postupu a ovlivňují způsob vyhodnocování výsledků. Současné rámce zdůrazňují několik překrývajících se mechanismů s přímou klinickou relevancí.

1. Top-down modulace pozornosti a očekávání

Hypnotická sugesce může přesměrovat pozornost a změnit očekávání, čímž zesiluje nebo tlumí vnímání symptomů. Tento mechanismus se překrývá se zavedenými placebo a nocebo procesy a je zvláště relevantní u funkční neurologické poruchy (FND) a chronické bolesti [3].

2. Regulace autonomních a interoceptivních procesů

Hypnotické intervence - například relaxace kombinovaná s vedenou imaginací - mohou ovlivňovat autonomní rovnováhu a komunikaci mezi střevem a mozkem (gut-brain). Tento fyziologický rámec podporuje účinnost střevně orientované hypnoterapie u syndromu dráždivého tračníku (IBS) [1].

3. Motorické přeučování a snížení disociace u FND

Techniky, které propojují hypnotickou sugesci s behaviorálním přetrénováním (např. využití imaginace k oddělení vědomého prožitku symptomů od automatických motorických programů), mohou u části pacientů vést k rychlému zlepšení funkčních motorických symptomů [4].

Tyto mechanismy se přímo promítají do měřitelných klinických cílů, včetně pozornostního zkreslení, autonomních markerů, frekvence záchvatů či motorických epizod a katastrofizace související se symptomy. Z toho plynou konkrétní výstupní ukazatele využitelné jak ve výzkumu, tak v terapeutické praxi.

Souhrn evidence (vybraná klíčová zjištění)

Nedávná rozsáhlá meta-analytická revize, která syntetizovala více meta-analýz, dospěla k závěru, že hypnóza vykazuje středně velké až významné účinky napříč řadou psychologických i somatických výstupů; nejsilnější evidence se týká léčby bolesti a procedurálních situací. Zároveň byla zdůrazněna značná heterogenita výsledků a potřeba přímého srovnání hypnózy se zavedenými psychologickými terapiemi [1].

U běžných stavů, jako jsou medicínsky nevysvětlené symptomy (MUS) a somatická symptomová porucha (SSD), systematické přehledy behaviorálních intervencí naznačují největší přínos u intenzivnějších psychologických terapií. Hypnóza může představovat potenciální doplňkovou léčbu, avšak síla důkazů se liší podle diagnózy a kvality studií. Klinici by proto měli hypnózu chápat spíše jako součást širšího, multimodálního plánu než jako samostatné řešení [5].

U funkční neurologické poruchy (FND) vykazují cílené sugesce a hypnotické techniky slibné výsledky v několika observačních kohortách a kontrolovaných studiích. Navrhované mechanismy spojují rychlé změny symptomů s procesy pozornosti a očekávání. Studie však vykazují heterogenitu a přetrvávají metodologická omezení [4].

Střevně orientovaná hypnoterapie, nejrozsáhleji studovaná somatická aplikace, konzistentně ukazuje klinicky významné snížení symptomů IBS a zlepšení kvality života napříč více pracovišti, což podporuje její začlenění do specializovaných léčebných cest [6].

Praktické a profesní doporučení pro hypnoterapeuty

Vyšetření a výběr případů

Je nezbytné provést důkladné medicínské zhodnocení k vyloučení nestabilních organických stavů a úzce spolupracovat s ošetřujícím lékařem pacienta. Dokumentujte předchozí vyšetření a aktuální dopad na fungování. Využívejte standardizované škály, např. PHQ-15 pro zátěž somatickými symptomy, IBS-SSS pro IBS a záznamové protokoly PNES/FND [2].

Screening komorbidních psychiatrických stavů (úzkost, deprese, PTSD) je zásadní. Hypnóza bývá účinnější, pokud jsou souběžné psychické obtíže identifikovány a současně léčeny. U komplexních případů lze zvážit formální posouzení hypnotizability, avšak pacienty s nižší hypnotizabilitou není vhodné automaticky vylučovat.

Návrh protokolu (jádro a adaptabilní prvky)

Dávkování a frekvence

Klinické studie a specializovaná centra obvykle používají 6–12 hypnotických sezení v týdenním či čtrnáctidenním režimu, doplněných domácí praxí prostřednictvím audio nahrávek. „Dávku" sezení je vhodné upravit podle závažnosti symptomů a odpovědi na léčbu. U přetrvávajících obtíží může být přínosný delší program integrující prvky CBT [1].

Klíčové techniky

- **Symptomově zaměřená sugesce:** používejte jasné, proveditelné sugesce zaměřené na snížení intenzity, frekvence nebo nepohodlí (např. „S každým hlubokým nádechem se uvolňují střevní křeče").
- **Imaginace a metafora:** využívejte metafory orientované na klienta (bezpečné místo, „ztišení hlasitosti"), které jsou v souladu s fyziologickou povahou symptomů.
- **Behaviorální reedukace v hypnóze:** u FND používejte postupy podporující normální pohyb pod sugescí (invitační „ať se to děje" formulace) a posilujte nové motorické vzorce posthypnotickými podněty. Některé protokoly pracují s přístupem „rozdělené obrazovky" ke zvýšení vědomé kontroly [4].
- **Střevně orientované skripty:** zahrnujte viscerální imaginaci, regulaci peristaltiky a kognitivní přerámování u klientů s IBS [6].

Měření výsledků

Kombinujte škály závažnosti symptomů, funkční ukazatele (práce/ADL) a klientem hodnocené globální zlepšení. Pokud je to možné, přidejte objektivnější ukazatele pro výzkum či klinický audit (např. záznamy frekvence epizod PNES nebo validované deníky bolesti). Před- a po-léčebná měření s následným sledováním po 3–6 měsících by měla být považována za minimální standard.

Bezpečnost a klinická správa

Je-li hypnóza poskytována vyškolenými kliniky, je obecně bezpečná. Je však vhodné provést screening na psychózu, nekompenzované disociativní stavy či aktivní suicidální záměr; v těchto případech je na místě zvýšená opatrnost nebo konzultace s psychiatrem. Udržujte spolupráci s medicínskými týmy a získejte informovaný souhlas, který jasně vymezí doplňkovou roli hypnózy a realistické cíle.

Limity, mezery a priority výzkumu

Současná evidence je slibná, avšak heterogenita populací, kontrolních podmínek a nejednotné reportování omezují jednoznačné závěry. Mezi klíčové priority patří přímé srovnávací studie se zavedenými terapiemi, standardizované protokoly (manualizované skripty), mechanisticky zaměřené fyziologické endpointy a identifikace moderátorů účinku určujících, u kterých pacientů je přínos nejvyšší [1].

Klinická shrnutí

Hypnóza představuje nástroj podložený důkazy pro vybrané somatické a funkční poruchy - zejména IBS, některé syndromy chronické bolesti a FND - a měla by být integrována do multidisciplinární léčebné cesty [2].

- Využívejte strukturované hodnocení, měřitelné cíle a standardizované výstupní ukazatele.
- Podle potřeby kombinujte hypnózu s psychologickými i somatickými intervencemi [3].
- Udržujte protokoly praktické: 6–12 sezení, domácí nahrávky, symptomově cílené sugesce a úzká spolupráce s lékaři.

Literatura

1. Rosendahl, J., Alldredge, C. T., & Haddenhorst, A. (2024). Meta-analytic evidence on the efficacy of hypnosis for mental and somatic health issues: a 20-year perspective. *Frontiers in Psychology*, 14, 1330238.
2. Husain, M., & Chalder, T. (2021). Medically unexplained symptoms: assessment and management. *Clinical Medicine*, 21(1), 13–18.
3. Szejko, N., et al. (2025). Placebo in Functional Neurological Disorders: Promise and Controversy. In *Healthcare* (MDPI).
4. Connors, M. H., et al. (2024). Hypnosis and suggestion as interventions for functional neurological disorder: A systematic review. *General Hospital Psychiatry*, 86, 92–102.
5. Leaviss, J., et al. (2020). Behavioural modification interventions for medically unexplained symptoms in primary care: systematic reviews and economic evaluation. *Health Technology Assessment*, 24(46), 1.
6. Maserrat, S. (2025). Efficacy of Hypnotherapy on Psychosomatic Disorders: A Scoping Review. *F1000Research*, 14, 926.

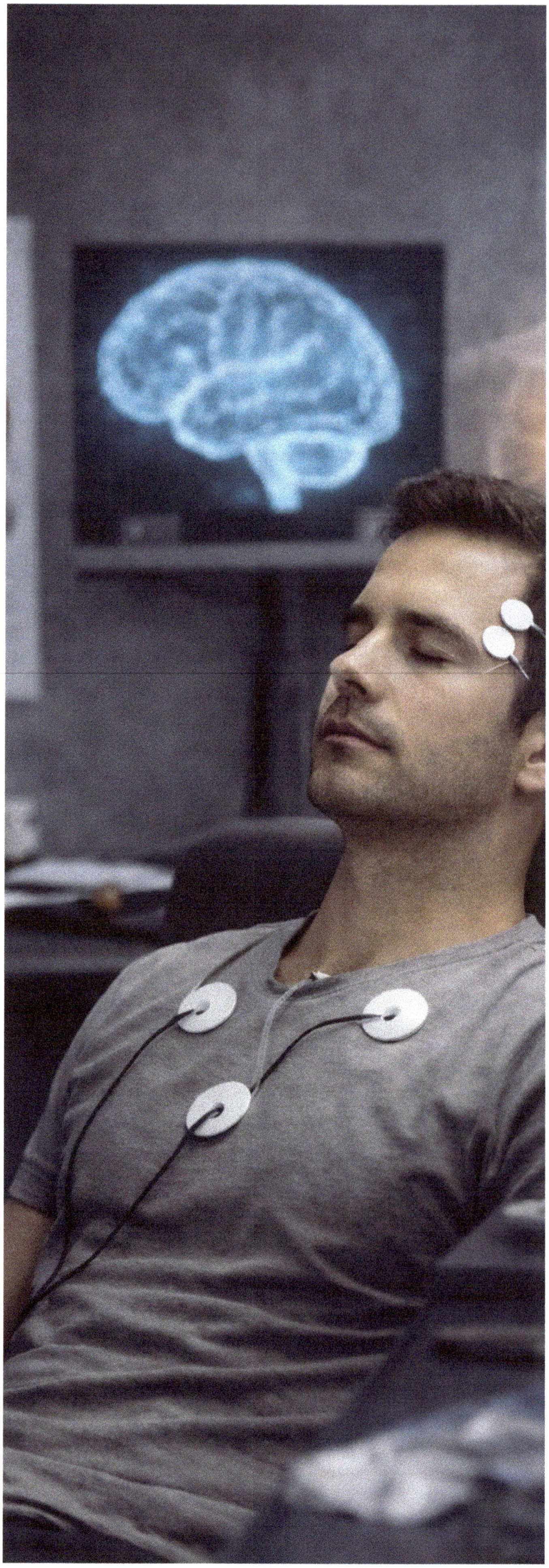

Metodologické rámce pro klinické využití umělé inteligence v hypnoterapii

Dr. Uma

Umělá inteligence (AI) nabízí významné příležitosti pro rozvoj klinické hypnoterapie, včetně personalizovaných hypnotických skriptů, monitorování informovaného biosignály a konverzační podpory mezi sezeními. Aby se tento potenciál proměnil v bezpečnou a účinnou praxi, jsou zapotřebí přísné metodologické rámce, které zahrnují design studií, správu dat, pojistky typu *human-in-the-loop*, evaluační metriky i etické a regulační souvislosti. Tento článek vymezuje praktické, klinicky orientované rámce, jež mohou pomoci odborníkům a výzkumníkům vyvíjet, hodnotit a odpovědně implementovat nástroje využívající AI v rámci hypnapeutické péče.

Proč je metodologie nyní klíčová

Systémy AI – včetně velkých jazykových modelů, nástrojů řízeného učení a klasifikátorů biosignálů – rychle mění způsob poskytování služeb v oblasti duševního zdraví. Mohou rozšiřovat dostupnost péče, zefektivňovat práci a podporovat strukturované intervence. Současně však přinášejí rizika, jako je generování nepravdivého či zavádějícího obsahu (halucinace), skrytá zkreslení a nebezpečné reakce v krizových situacích. Silný metodologický základ zajišťuje, aby AI podporovala hypnoterapii prakticky a eticky, v souladu s klinickým dohledem – nikoli jako jeho náhrada [1].

Kategorizace využití AI v hypnoterapii

Použitelný rámec začíná klasifikací klinických funkcí AI:

- **Administrativní / procesní podpora**
  Souhrny záznamů ze sezení, plánování, sledování výsledků [2].
- **Generování terapeutického obsahu**
  Návrhy hypnotických sugescí, metafor a skriptů pro domácí praxi (vždy s klinickou revizí) [3].
- **Konverzační agenti**
  Podpora mezi sezeními pro dodržování domácích úkolů nebo posilování dovedností; nikdy jako náhrada krizové intervence [3].
- **Adaptivní systémy řízené biosignály**
  Monitorování EEG, variability srdeční frekvence (HRV) či BIS k modulaci hloubky transu nebo terapeutického tempa [4].
- **Prediktivní modely / klinické třídění**
  Odhad odpovědi na léčbu, rizika zhoršení nebo podpora při volbě vhodného protokolu [1].

Jednotlivé kategorie nesou odlišnou míru rizika. Generování obsahu bývá relativně nízkorizikové; adaptivní intervence řízené biosignály představují vysoké riziko a vyžadují přísnější regulaci i průběžný dohled.

Design studií a cesta tvorby důkazů

Stupňovitý model evidence pomáhá sladit výzkumný design s úrovní rizika:

- **Fáze 0 (bezpečnost a proveditelnost)**
  Hodnocení technické stability, použitelnosti a bezprostředních nežádoucích účinků.
- **Fáze I (přijatelnost a uživatelská použitelnost)**
  Zaměření na adopci terapeuty, komfort pacientů a terapeutickou alianci.
- **Fáze II (předběžná účinnost)**

Pilotní randomizované nebo kontrolované studie porovnávající péči s podporou AI se standardní hypnoterapií.

- **Fáze III (účinnost v reálné praxi)**
  Multicentrické studie či *stepped-wedge* designy odrážející rutinní provoz.
- **Adaptivní designy a N-of-1 studie**
  Zvláště cenné u individualizovaných hypnotických protokolů.

Klíčové metodologické poznámky:

stratifikace podle hypnotické sugestibility, závažnosti symptomů a komorbidit; předregistrace výsledků; předem stanovená stop-pravidla; a samostatné bezpečnostní monitorování u konverzačních agentů používaných mezi sezeními [5].

Výstupní ukazatele, metriky a digitální biomarkery

Volba outcome měr musí odpovídat klinické relevanci i předpokládaným mechanismům účinku. Základní klinické nástroje, jako PHQ-9, GAD-7, PHQ-15 a specifické indexy (např. IBS-SSS), umožňují standardizované měření změny symptomů. Hypnóze specifické metriky - škály sugestibility, hodnocení hloubky transu a symptomové záznamy - poskytují vhled do míry zapojení a odpovědi na intervenci. Procesní ukazatele, jako terapeutická aliance, adherence k domácí praxi a akceptace materiálů generovaných AI, podporují hodnocení kvality intervence a účasti klienta. Bezpečnostní indikátory jsou nezbytné a měly by zahrnovat monitorování disociace, zhoršení nálady, suicidality a emoční dysregulace. V neposlední řadě mohou exploratorní digitální biomarkery (např. HRV nebo EEG signatury) nabídnout nové poznatky o hypnotické responsivitě a mechanismech učení, avšak vyžadují další validaci [6].

Human-in-the-loop: klinická správa a dohled

AI má rozšiřovat roli klinika, nikoli ji nahrazovat:

- **Kontrolní vrstvy**
  - nízkoriziková automatizace (administrativa)
  - obsah vždy revidovaný klinikem (skripty, metafory)
  - vysokorizikové adaptivní systémy s možností okamžitého zásahu a přepnutí/ukončení

Každý terapeutický skript či nahrávka vytvořená s využitím AI musí mít explicitní klinické schválení. Systémy mají vést auditovatelné záznamy dokumentující klinickou revizi i výstupy AI [7].

Správa dat, soukromí a vysvětlitelnost

Robustní práce s daty je základem bezpečného a odpovědného použití AI v hypnoterapii. Začíná minimalizací dat a transparentním informovaným souhlasem: klient má jasně porozumět, jaká data jsou sbírána, proč, a jak dlouho budou uchovávána. Pro ochranu soukromí je nutné používat de-identifikaci a tam, kde je to proveditelné, distribuované učení, aby byla expozice citlivých klinických informací co nejnižší.

Pro udržení důvěry a klinické srozumitelnosti musí systém poskytovat klinicky smysluplnou vysvětlitelnost - krátké a praktické odůvodnění doporučení či rozhodnutí generovaných AI. Nezbytné je také průběžné monitorování zkreslení: pravidelně vyhodnocovat výkon systému napříč skupinami dle věku, pohlaví, kulturního kontextu a jazyka tak, aby výstupy byly bezpečné, spravedlivé a rovnocenné pro všechny klienty [8].

Regulace, compliance a etická praxe

Vysoce rizikové aplikace AI mohou spadat do kategorie zdravotnických prostředků a podléhat regulačním režimům (např. FDA nebo CE označení). Výzkum i klinické nasazení vyžadují etické schválení, transparentní komunikaci rizik a soulad s vyvíjejícími se doporučeními pro AI v oblasti duševního zdraví [9].

Praktický kontrolní seznam protokolu (pro kliniky a výzkumníky)

- Definujte zamýšlené použití, úroveň rizika a cílovou populaci.
- Zvolte primární outcome ukazatele a předem stanovte bezpečnostní kritéria.
- Nastavte workflow klinické revize a auditních záznamů.
- Implementujte jasný a důkladný proces informovaného souhlasu.
- Zvolte postupné testování: laboratoř → pilot → kontrolovaná studie.
- Zajistěte kulturní a jazykovou senzitivitu při generování skriptů.
- Nastavte post-deployment monitoring a pravidelné přehodnocení systému.

Stručný ilustrativní příklad

Klinika vyvine AI systém, který navrhuje personalizované hypnotické metafory pro pacienty se syndromem dráždivého tračníku. Model vytvoří první verzi skriptu, terapeut ji upraví a finální verze je nahrána pro domácí praxi. Hodnocení začne malou kohortou bezpečnosti a proveditelnosti (20 pacientů) a následně pokračuje non-inferioritní studií porovnávající AI-asistované skripty se skripty psanými klinikem, přičemž primárním outcome ukazatelem je IBS-SSS.

Závěr

AI může hypnoterapii smysluplně posílit - podpořit personalizaci, škálovatelnost i hlubší porozumění mechanismům. Tyto přínosy však závisí na přísných metodologických rámcích, které upřednostňují bezpečnost, klinický dohled, měřitelné výsledky a etický soulad. Hypnoterapeuti by měli stát v čele vývoje, vyžadovat transparentnost od technologických dodavatelů a spoluvytvářet důkazní základ prostřednictvím fázovaných studií a průběžného monitorování.

Literatura

1. Khaqan, A., et al. (2017). Comparison of two nonlinear control strategies for hypnosis regulation. *Arabian Journal for Science and Engineering*, 42(12), 5165–5178.
2. Graham, S., et al. (2019). Artificial intelligence for mental health and mental illnesses: an overview. *Current Psychiatry Reports*, 21(11), 116.
3. Imam, M., Ahmad, I., & Nazir, M. S. (2025). Regulation of depth of hypnosis through optimised AI-based robust nonlinear controller. *Biomedical Signal Processing and Control*, 104, 107489.
4. Ilyas, M., et al. (2020). Hypnosis regulation in propofol anaesthesia employing super□twisting sliding mode control to compensate variability dynamics. *IET Systems Biology*, 14(2), 59–67.
5. Lee, E. E., et al. (2021). Artificial intelligence for mental health care: clinical applications, barriers, facilitators, and artificial wisdom. *Biological Psychiatry: Cognitive Neuroscience and Neuroimaging*, 6(9), 856–864.
6. Spytska, L. (2025). The use of artificial intelligence in psychotherapy: development of intelligent therapeutic systems. *BMC Psychology*, 13(1), 175.
7. Khan, M. M., et al. (2025). Towards secure and trusted AI in healthcare: a systematic review of emerging innovations and ethical challenges. *International Journal of Medical Informatics*, 195, 105780.
8. Weiner, E. B., et al. (2025). Ethical challenges and evolving strategies in the integration of artificial intelligence into clinical practice. *PLOS Digital Health*, 4(4), e0000810.
9. Torous, J., & Topol, E. J. (2025). Assessing generative artificial intelligence for mental health. *The Lancet*.

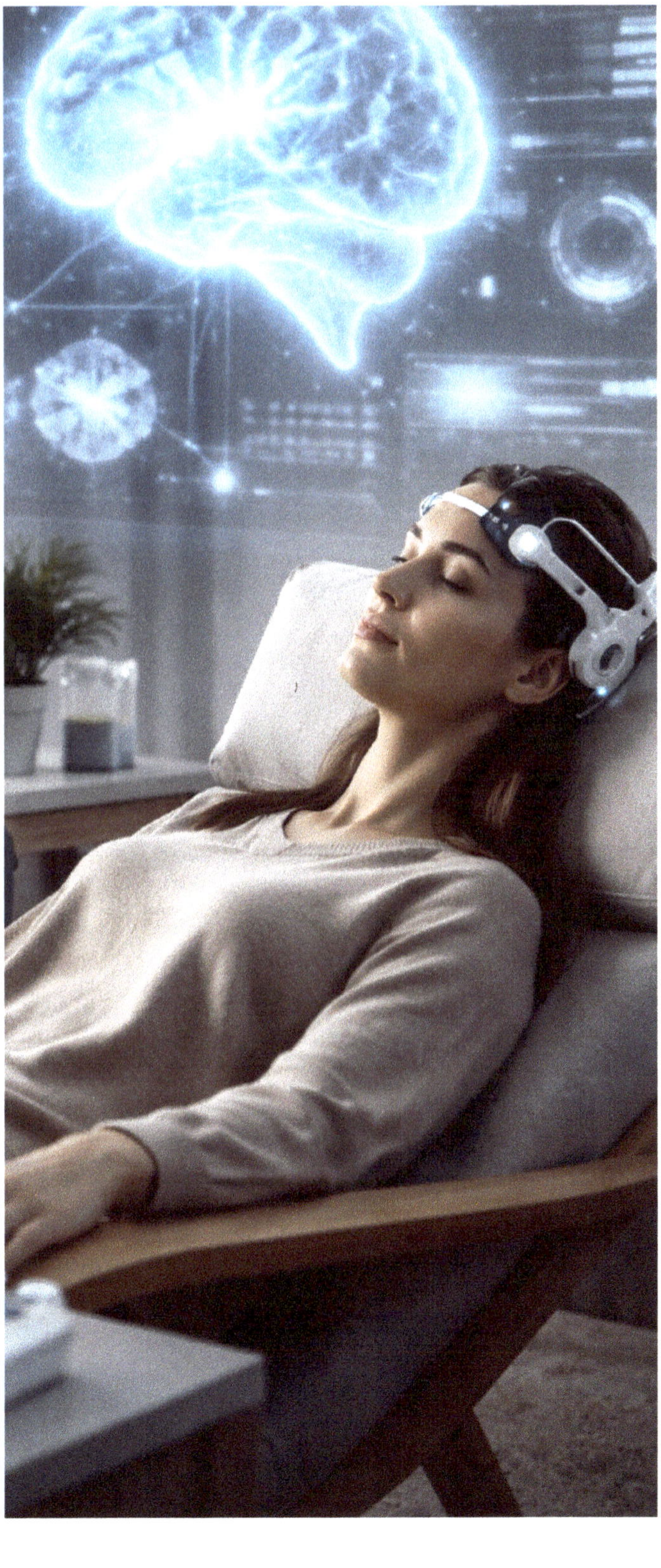

Adresář hypnoterapeutů

Česká Republika

Mgr. Petr Hammerlindl
Psychologické poradenství a hypnóza
Člen Britské asociace terapeutů a hypnoterapeutů
Tel.: +420 602 341 806
www.psycholog-hypnoza.cz

Jakub Tenčl, Ph.D.
Tel.: 792 818 644 nebo +44 7704 734 834
info@klinickahypnoterapie.cz
www.klinickahypnoterapie.cz

Petr Pomajbík
Člen Britské asociace terapeutů a hypnoterapeutů
Tel.: +420 732 445 203
E-mail: petr@pomajbik.com

PhDr.Radomira Kunová
Psychologická praxe Brno, Červinkova 1
www.psychologie-kunova.cz
E-mail: kunova@psychologie-kunova.cz
Tel.: +420 601 327 037

Mgr. Erika Panenková
Tel.: +420 606 215 200
E-mail: erikapanenkova@seznam.cz
Adresa působení:
I. Všeobecná poliklinika
K Nemocnici 2305
272 01 Kladno

PaedDr. Eva Maloňová
Hypnoterapie
Tel.: +420 732 110 484
www.hypnoeva.cz

Radka Koubová
Hypnoterapeut, terapeut NLP, vztahové a párové terapie
Tel.: +420 604 987 548
E-mail: radka@radkakoubova.com
Webové stránky: https://radkakoubova.com/
Facebook: https://www.facebook.com/RadkaKoubovaVztahy-TerapieHypnoterapie/

PhDr. Sylvie Navarová
CETERAS - Centrum terapeutických služeb, Ostrava
www.ceteras.cz
Tel.: +420 605 214 849
E-mail: ostrava@ceteras.cz

Maruš Palová
TERAPEUT ENERGETICKÉ PSYCHOLOGIE & EFT
Kouč, Autopatie, Hypnóza
Pražská 767/33, Jablonec nad Nisou, 466 01
Tel.: +420 776 594 305, +420 777 244 232
E-mail: eftpalova@seznam.cz
www.terapeutpalova.cz

Bc. Věra Nekvindová
Kouč, lektor a terapeut osobního rozvoje
Web: www.kouc-pardubice.cz
Tel.: +420 733 535 501

PhDr. Eva Vejmělková
Psychologické poradenství
Tel.: +420 724 114 484
U Stromovky 148/9
736 01 Havířov - Město
www.evavejmelkova.com

Mgr. Hana Stejskalová
koučování, poradenství, hypnóza
E-mail: info@coaching-plzen.cz
Tel.: + 420 731 112 214
www.coaching-plzen.cz

PhDr. Jana Zouharová, Ph.D.
Palackého tř. 8, 612 00 Brno
info@koucinkprovas.cz
www.koucinkprovas.cz

Mgr. Božena Kopřivová - poradenstvo, terapie
Člen Britské asociace terapeutů a hypnoterapeutů
Štúrova 54/1, Žilina
Slovenská republika
Tel.: +421917200476
E-mail: info@hypnocentrum.sk
www.hypnocentrum.info

Mgr. Kurdiovský Eduard
Tel.: 723 915 210

MUDr. Fabienne Kosová, DPN Louny
Rybalkova 2962, 440 01 Louny
E-mail: fabienne.kosova@dpnlouny.cz

Mgr. Jana Dobošová - Psychológ - Hypnoterapeut - Nitra
www.hypnozaterapia.sk
www.hypnoseterapie.de
Tel: SK +421-903224757
DE +49-1791358628

MUDr.Erika Zelníková
konzultant, homeopat, akupunkturista
Tel.: 604 214 883

PhDr. Yvona Mazehóová, Ph.D.
Psychologické poradenství KOMA (soukromá praxe)
Karla IV. 3, 37001 České Budějovice
Web: www.psychologie-cb.cz
Tel.: +420605157221
E-mail: mazehoova@psychologie-cb.cz

Bc. Milan Chadima
Tel: +420 604 325 017
www.otevrenamysl.cz
info@otevrenamysl.cz
FIrewalking, Hypnotherapy, EFT Therapy, Quantum Therapy, Drum Circle

Mgr. Zbyněk Bohdal
Hypnoterapeut, psychologický poradce
Trhové Sviny, okres České Budějovice
Objekt polikliniky - budova B, 1. patro
Nábřeží Svat. Čecha 664
374 01 Trhové Sviny
Tel.: +420 777 295 603
E-mail: zbynek.bohdal@gmail.com
www.bohdal.net

MUDr. Katarína Carter, Cert.CBH, NLP Master
Stará cesta 1
Spišská Nová Ves, 05201
Slovenská Republika
Mobil: 00421950/807 011
E-mail: hypnozasonu@gmail.com
web: www.hypnoza-sonu.sk

PhDr. Jitka Bukáčková
Příční 81
593 01 Bystřice nad Pernštejnem
tel. 605 261 011
email: bukackovaj@tiscali.cz

MUDr. Michaela Šedová
CNS Centrum Třinec
alterrapia@gmail.com

Mgr. et Mgr. Diana Valečková
Plzeň, Husova 722/13
tel. 605 332 479
www.psycholog-diana.cz

Bc. Radka Hornek
Člen Britské asociace terapeutů a a hypnoterapeutů
Adresa: Plaská 5, Malá Strana, Praha 5, 150 00
Telefon: 725 508 233
E-mail: radka.hornek@hypnoterapeuti.cz
Webová prezentace: www.radkahornek.cz

Monika Broger
Člen Britské asociace terapeutů a a hypnoterapeutů
Adresa: Praze 10, Pod ovčínem 346/20
Telefon: 775 634 469
E-mail: monika.broger@hypnoterapeuti.cz
Webová prezentace: www.hypnoroom.cz

Bc. Zuzana Krajícová, C.Hyp.
Člen Britské asociace terapeutů a a hypnoterapeutů
Adresa: Chýnov u Tábora
Telefon: 736 649 523
E-mail: zuzana.krajicova@hypnoterapeuti.cz
Webová prezentace: www.superhypnoterapie.eu

Alexandra McKenzie BSc., MA
Člen Britské asociace terapeutů a a hypnoterapeutů
Adresa: Liberec, Praha
Telefon: 777 693 859
E-mail: alexandra.mckenzie@hypnoterapeuti.cz
Webová prezentace: www.alexandramckenzie.cz

Velká Británie

Karen Puttick
Clinical Hypnotherapist

E-mail: karen@chilternhypnotherapy.co.uk
Websites: www.karenputtick.com and www.chilternhypnotherapy.co.uk

Jason Demant
North End Road
London, NW 11 7PH
Phone: 07862 494634

Website: www.deepdivetherapy.co.uk
E-mail: info@deepdivetherapy.co.uk

Coaching with NLP

Phone: 07947 099280
UK Freephone: 08000835797

Website: https://www.coachingwithnlp.co/
E-mail: wayne@coachingwithnlp.co

Twitter: https://twitter.com/wayne_farrell
Facebook: https://www.facebook.com/CoachingWithNLP

Christopher Wadsworth
Board Certified Coach, Clinical Hypnotherapist
Geneva, Switzerland
Tel. +41 (0)22 508 7509
https://authenticlifecoaching.ch/
https://swisshypnotherapy.ch/
chris@authenticlifecoaching.ch

Stephen Travers, Advanced Hypnotherapy

Email: stephen@stravershypnosis.com
Website: https://stravershypnosis.com/
Facebook: https://www.facebook.com/stravershypnotherapy

Richard J D'Souza (B.A. Hons., P.G.C.E., D.C. Hyp.)

Address of the practice: The Therapy Centre, 33 The Parade, Roath, Cardiff, CF24 3AD

Telephone: 07738 938197
E-mail: info@clinicalhypnotherapy-cardiff.co.uk
Website: https://www.clinicalhypnotherapy-cardiff.co.uk
Price for the session: £70

Brian Jacobs – Hypnotic Solutions

Address of the practice: Finchley, London N3 3LF

Telephone: 02084468061
E-mail: brian@hypnoticsolutions.co.uk
Website: https://www.hypnoticsolutions.co.uk/

Jakub Tencl Ph.D. – iHypnosis™

Address of the practice: Westend Medical Practice, 6 Bendall Mews, NW1 6SN, London

Telephone: 07704 734 834
E-mail: info@ihypnosis.org.uk
Website: https://www.ihypnosis.org.uk

Transcending Thoughts with Candice Cole

Address of the practice: Cookstown in Innisfil, Ontario, Canada

Telephone: +1-705-530-6989
E-mail: transcendingthoughtscounseling@gmail.com
Website: www.candicecole.ca

www.ingramcontent.com/pod-product-compliance
Lightning Source LLC
LaVergne TN
LVHW071509061026
849580LV00016B/2466
* 9 7 8 8 0 9 0 8 5 0 2 3 1 *